spiege

spiegel

gedichten

riet vanhaecke

2014

HET BELEEFDE GENOT

Voor Mieke, Rania en (+) Eduardo

Mijn bijzondere dank aan Hervé J. Casier, die mij
stimuleerde om mijn gedichten uit te geven.
Dank aan mijn collega-dichters,
OCMW-Voorzitster M. Schillewaert-Vercruyce,
Centrumleider Kerklommer Kurt Borgoo,
de medewerkers van Gemeentebibliotheek
Canticleer en diensten Cultuur en Toerisme De Haan.

Eerder publiceerde Riet Vanhaecke twee gedichtenbundels: Parels in 1998 en Sintels in 2001. In De Haan is zij vooral bekend als voorzitster van de Letterkundige Kring Kerklommer. Ze brengt er regelmatig poëzie in de openbare ruimte en ondersteunt daarbij elk talent van De Haan en omgeving.
De gedichten uit Spiegel zijn vlot leesbaar en toegankelijk zodat ze veel mensen kunnen raken. Dat is een verdienste.

Zij kiest duidelijk voor inhoud en communicatie. Een gedicht moet aanspreken.

Ze mijmert over de dingen die met ons allen te maken hebben, dingen van elke dag die iedereen herkent: de liefde, de ontroering van het samenzijn en onze aanwezigheid in het landschap.

Heel sterk zijn haar gedichten over de zee.

Gedachten en gevoelens drukt de dichteres uit in een heldere en correcte taal, minutieus en mooi verwoord, zodat je alleen al daardoor een gedicht een tweede keer leest.

Riet Vanhaecke schrijft meestal vrije verzen die technisch knap neergezet zijn, met af en toe een spaarzaam rijm als accent. Speelse korte, eenvoudige gedichten, die toch diepte en inhoud hebben, wisselen af met langere gedichten met een ernstiger toon, die nooit vervalt in somberheid.

Hervé J. Casier

preservation

manon huguenin

UIT "PARELS"

bloesemknop

als een bloesemknop
ben je gesloten
vol warmte
wacht ik
tot je openkomt

ik wou

ik wou dat ik jou
was en jij mij
en dat we samen
niets anders waren
dan elkaar

waarom

in ieder vers
voel ik je twijfel
en mijn aarzeling

in ieder lied
van schoonheid
zingt onze onrust

in elk samenzijn
dit wrange spel

van vluchten
en verlangen

teveel

zoveel als ik wil
zie ik jou
in gedachten
ik zie je zoveel

zoveel als ik wil
hoor ik je voetstap
op het grind
ik luister zoveel

zoveel als ik wil
voel ik je zoen
op mijn lippen
ik proef je zoveel

zoveel als ik wil
voel ik je vingertoppen
zoeken
ik hunker zoveel

zoveel als ik wil
hoor ik je zingen
in mij
ik hoor je zoveel

zoveel als ik wil
voel ik je dringen
in mij
ik voel veel teveel

beminnen

je zijn
vult
mijn leven
je liefde
vult
mijn ziel en zinnen
ik kan niet anders dan
jou diep beminnen

bedwelmd

je bent de wijn
van mijn bestaan
laat mij bedwelmd zijn
maar niet ondergaan

twijfel

ik was te gelukkig met jou
mijn vreugde was volkomen
de goden waren jaloers
ze zaaiden twijfel in mijn dromen

lief

laat ons de liefde vieren lief
haar triomf of haar teleurgang
jij mag kiezen
ik heb niets meer te verliezen

liaison

twintig jaar geleden
ben je vreemd gegaan
héél vreemd
je ging doodgewoon
dood

al jaren had je een liaison
met de dood
dat vrouwelijk geraamte

argeloos had ik je lief
terwijl zij zonder schaamte
met je dromen speelde

onverwacht
komt zij je halen
gelaten laat je haar begaan

dood
je liet me mateloos alleen
waar moet ik heen
met het verdriet
dat aan mij vreet
ik weet het niet

zilveren vogel

voor mijn chileense zoon

je woonde
in een ver vreemd land
en speelde
doelloos in de regen
doorheen wolken
van verlangen
brak plots de hemel open
een zilveren vogel
vloog
met jou
naar de zon

kanker

zal ik de lente nog voelen
zal ik de zomerzon nog zien

zal ik de herfst nog halen
zal ik de winter nog proeven

mijn klamme leden kunnen koesteren
aan het vuur van mijn liefste

zal ik mijn kleinkinderen nog kennen
zal ik ze strelen

ze verwennen
zal ik verhaaltjes voor ze verzinnen

met ze spelen
ze beminnen

zal ik?

mortuarium

'k zie mezelf
al liggen als een lijk
ze komen langs
en zeggen : kijk
't is net alsof ze slaapt
zo mooi zo stil zo ademloos -
gelukkig als een droom
ik monkel
blij om zoveel medeleven
en mompel
schaamteloos
ach mensenlief
speel geen komedie meer
ikzelf
gaf mij allang
gewonnen
het stuk
is al een eeuwigheid
begonnen

afscheid

voor mijn indische dochter

oceanen-ver
heb ik naar jou
verlangd
verrukkelijke vondeling
eindelijk
in warme armen
grenzeloos
was mijn geluk
hemelhoog
mijn vertrouwen
en mijn liefde
als een eindeloze zee
ravijnen-diep
was mijn verdriet
toen je mij
vertederend-eigenwijs
heimelijk
verliet

vrienden

waar zijn al mijn vrienden heen

met zovelen
hebben ze met mij gedanst
gelachen en gezongen
geschranst
hopen gesmuld
hun pensen gevuld
gezopen

waar zijn al mijn vrienden heen

zij hebben aangemeerd
aan de oever van mijn overvloed
ze hebben mijn hart en mijn huis begeerd
met dwaze overmoed
heb ik de roemers volgeschonken
ze hebben mijn overvolle bekers
tot de bodem leeggedronken
ze verdwenen één na één

waar zijn al mijn vrienden heen ?

terugkeer

plots ben je daar
hunkerend naar je vader
tranen in je stem

je glimlach
een grimas
van vertedering

op je lippen
sterven
woorden van liefde

wrange dagen
van vroeger
vergeten

vervuld van verlangen
zingt je hart
juichend van geluk

zwanger

haar stap wordt lomer
haar glimlach lichter
haar trekken weker
het blosje op haar wangen
bleker
dan de laatste zomer
haar ogen zachter
haar handen milder

haar liefste
dag na dag
wilder
van verlangen
naar zijn kleine
blonde zoon
en ik dichter
bij mijn dochter
dan ik durfde dromen

zingen

kleine kinderen
en kleine dingen
zingen
in onze liefste herinneringen

parels

als een kind
speel ik met parels
in mijn hand
één parel van liefde
twee parels van weemoed
een parel van schoonheid
en drie van verdriet
een parel van vreugde
en vier van vergetelheid
ik zal ze alle tot een halssnoer rijgen
liefkozend laten glijden
rond mijn hals
laten glanzen op mijn hart
verwonderd zijn
en zwijgen

my inner flame

henk korthuys

UIT "SINTELS"

water

water ligt roerloos
witte zwanen zwemmen weg
betovering voorbij

weg

ik ben de blanke bloem
en jij de witte weg
waarlangs ik bloei

minnaar

de zon is mijn minnaar
ik wou dat jij het was
de zonnestralen kruipen in mijn huid
de wind flirt met mijn hart
het water omhelst mij
ik wou dat jij het was

paradijs

je bent de passie
van mijn leven
we zijn heel even
in het paradijs
gebleven

bekoeld

zoveel tederheid
en warmte
voor jou ooit gevoeld
is nu tot sneeuw en ijs
bekoeld

ijskoud

als een hond
lag ik te huilen
aan de deur van je hart

je deur bleef gesloten
je hart bleef ijskoud

liefde

al het lijden
dat je leed
lijd ik schreiend
met je mee

al de angst
die jou pijnigt
beef ik angstig
met jou mee

al de hoop
die je koestert
hoop ik juichend
met je mee

al de liefde
die je voelt
voel ik zwijgend
met jou mee

antiek

je zei
ik hou van kunst cultuur
en van antiek
ik dacht
er gaat een wereld
voor mij open
een paradijs
is voor mij weggelegd
nooit zag ik een wereld
zo mooi
zo eng zo star
en zo bekrompen
zo hopeloos
antiek

Persefone

Hades
ik ben jouw Persefone
zes maanden in jouw hel
zes maand in het licht
der mensen
een half jaar in de duisternis
een half jaar in de zon
eindeloos geduldig wacht Charon
aan de oevers van de Styx
Kerberos bespiedt mij
dreigend
als Oidipoes
op het kruispunt van de wegen
zoek ik
waar ik heen moet
Zeus kijkt toe
onberoerd
de Moiren dansen
Hera glimlacht
dit spel is haar bekend
Gaia
de immer-goede moeder
schenkt mij troost
in haar schoot

verloren

als een hulpeloos
veel te klein vogeltje
nauwelijks gevederd
pas uit het nest
gevallen
fladder ik rond
zonder jou
met vermoeide vleugels
rust ik uit
aan de rand
van het leven
ik heb jou verloren
voor altijd
ben ik je kwijt
ik kan nooit meer
naar jouw veilig-warme lijf

ze hebben al onze bomen geveld

hebben ze 't u al verteld
ze hebben al onze bomen geveld
brede beuken sterke eiken
ze gaan hier snel over lijken
de straten zijn bloot
de lanen zijn dood

hebben ze 't u al verteld
was het wel echt of was het een droom
welke "belangrijke" heer
maalt er nog om een boom
minder of meer

ze hebben al onze bomen geveld
het blijft me verbazen
maar ach ik woon in het land van de dwazen
de laatste doffe dreunen
blijven 's nachts in onze harten kreunen

hebben ze 't u al verteld
koele besluiten werden genomen
over het treurige lot van de bomen
de eik en de beuk zijn ten dode opgeschreven
wij mogen – nog een beetje – blijven leven

ze hebben al onze bomen geveld
een boom minder of meer
het doet van binnen oneindig veel zeer
het laat mij niet meer los
eerst de bomen dan het bos

hebben ze 't u al verteld
ze hebben al onze bomen geveld

onmin

we waren kinderen
van hetzelfde gezin
we lachten en joelden
en brachten bloemen
en blijdschap in huis
maanden geleden
het lijken wel jaren
is de vreugde verdronken
het stil verbond verdween
de vrede is met jou
in het graf gezonken
je wil en je warmte zijn heen
we redden het nooit meer alleen

sintels

als een vulkaan
vervul je mijn vrouwzijn

duizend vreugdevuren
juichen in de nacht

en dan...je wanhoop
en mijn ondergang

de sintels van je liefde
smeulen in mijn schoot

the gate of the king
henk korthuys

"SPIEGEL"

woordeloos

bergen zon en zee
groots en eindeloos
wij twee
nietig, woordeloos
voor zoveel schoonheid
vergeten kleine dingen
voelen god in onze zielen zingen

treurzang

het is vandaag zo stil zo stil
de zee ze kan mij niet bekoren
jou heb ik voorgoed verloren

nog twee weken en het is april
dat vertellen mij de bomen
misschien zal gauw de lente komen

en mijn hart stilaan verwarmen
maar jij je blijft zo kil zo kil
in lege hopeloze armen

de zee houdt veel van ons

de zee houdt veel van ons
de zee zo kalm zo wild
de zee is mild
zij houdt van alle vrouwen
rechtop of dichtgevouwen
onschuldig spelend in de golven
vechtend tegen weer- of andere wolven

de zee zij houdt van ons de vrouwen
zij houdt van alle borsten
betoverend en freel
van half of heel
van klein' of grote buiken bruin' of blanke billen
van hen die wel van hen die nooit meer willen

de zee houdt veel van ons
zij laat ons spelen in de baren
zij laat ons wild en wilder zijn
en onverwacht bedaren
de zee zij houdt van alle vrouwen
van hen die juichen
hen die rouwen

de zee ons aller moeder
zij maakt ons blij met stil gebaren
dat géén ding belangrijk is
hoezeer wij mogen treuren
om een diep verweerd gemis
de zee ze blijft een stil en groots gebeuren
zij is zij was zij zal er altijd zijn
zij wist een groot verdriet de kleinste pijn
de zee, mijn zee, de zee van ons de vrouwen

ach kind zegt de zee

ach kind zegt de zee
ben je daar weer
ik ben je moeder
dat weet je toch

kom

laat je tranen maar vloeien
we smelten samen jij en ik
onze omhelzing maakt je sterk
ik geef jou mijn rust

en mijn troost
mijn tijd
mijn eeuwigheid
stil maar kind

zou ik zegt de zee

zou ik, zegt de zee bij zichzelf,
zou ik ze eens goed laten zweten
geweldige golven op ze loslaten
zou ik afspreken met de huilende wind
en ze ademloos achterlaten
voelen ze dan zelf hun dwaas en zinloos
geweld

of zou ik, zegt de zee bij zichzelf,
eens zacht en anders voor ze zijn
ze strelen met mijn lieflijkste golven
hun tenen en hun kleine enkels zoenen
zou ik afspreken met de aarzelende
winterzon
en glimlachend tedere strepen van licht
verspreiden langs het onbetreden strand

zou ik, zegt de zee bij zichzelf,
niet best gewoon mezelf zijn
ze laten drijven op hun dromen
om zichzelf terug te vinden
een simpel mensenkind
hunkerend naar de zee
de zon en de wind

zee

de zee is als een kind
dat komt en gaat
en mij verlangend achterlaat

de zee is als de wind
die slaat en streelt
en met mijn dromen speelt

de zee is als de liefde
die betovert en mij griefde
en mij verrassend nooit verlaat

chaos

wat een warboel vanbinnen
woorden en zinnen
dansen in mijn domme kop

ze dollen en ze tollen
ze maken mij kapot
ze schreeuwen luid
laat mij eruit

ze maken mij haast zot
komen ze van de duivel
of komen ze van god

de ziel van de zanger

intense prestatie
staande ovatie
eenzaam
verlangen
naar huis
omhelzen
van de stilte
van de liefste
werken
en wenen
bij mijn stenen
thuis

visioen

tussen spuitjes en infuus
van serum en morfine
ontwaar ik aarzelend
mijn laatste lief
ik klappertand van angst
en van verlangen
dag dood
ga zitten op mijn bed
verjaag demonen
dubieuze spoken
en als je wilt
omhels mij
met je knappe knoken
zal mijn dwaze ziel
nog één luguber liedje zingen
trek mijn klamme kleren uit
en laat het feest beginnen
zalig in je armen
eindeloos passieloos
beminnen

herinneringen

herinneringen
vreemde dingen
niet dwingen
laten zingen

in muziek of gedicht
in donker in licht
zoeken zij weifelend
aan zichzelf twijfelend

eigen wegen
om voort te leven

droomprins

een droomhuis
een droomprins
waar
is de droomprinses
de droomprins
op het witte paard
is van steen
hij kan niet weg
rijdt niet door bos en heg
hij blijft alleen

vreemd

hoe vreemd elk uur vannacht
heb ik gedacht
ik ben mezelf niet meer ik stik
zonder mijn tweede ik

moeras

ik zit op mijn terras
te mijmeren over jou
hoe groot hoe klein je liefde was

je overrompelt mij
je dompelt mij naïef en blij
in een eindeloos moeras

wil ik eruit
ik weet het niet
tot mijn vreemd verdriet

mijn liefste kom bij mij
zoen mij van ver zoen mij nabij
zoen mij heel zacht in mij

magisch

sinds mijn liefje
verzen voor mij schrijft

is er iets magisch
dat mij overblijft
van toverwoorden

die zij op mijn lippen legt
een vreemd ontroeren

duo

ik kouwelijk
typisch vrouwelijk
jij lekker warm
typisch man
langzaam
laat je mij ontdooien

mijn winter maak je zomer
hoogzomer
zoals hoogzwanger
maar veel beter
veel heter

extase

herleven
heel even
in de warmte
van je armen
toeven
verlangen voelen
tranen proeven
passievruchten
plukken
genieten
van één ogenblik
extase
een hemel van geluk
voor twee verliefde dwazen

laatzomerimpressie

de zee is onverwacht zo blauw zo mooi
ik ben gelukkig en verrast, geen prooi
meer van de mist de regen en weemoedigheid
de meeuwen dromen roerloos op het strand
en kinderen spelen blij en tekenen
hun laatste zomerdromen in het zand

in memoriam filii mei

zal de zee mij ooit genezen
van de storm, de schade aan mijn ziel
verlamd door een meedogenloos verdriet
sinds je mij zo jong, zo onverwacht verliet
zal de zee mij ooit genezen?...

nietig

wie of wat ben ik?
een kleine prul
in het heelal
een minieme nul
in het getal
van de oneindigheid
verwaarloosbaar
geen benul
van macht en kracht
van goden en demonen
maar
zoekend naar de zin
van mijn bestaan
nietig
in de eeuwigheid
hier even mogen zijn
vaak oeverloos gelukkig
en voldaan
soms vol pijn en droefenis
in het gemis
van wie mij dierbaar is
wie of wat ben ik?
geen antwoord op mijn vragen
dromen
van een stille overgave

spiegel

nog even
blijf ik leven
in mijn kind
zij is mij
ik ben haar
alleen
zij weet het niet
zij heeft geen tijd
voor dromerij
haar kleine meisje
is een beetje haar
een beetje mij
zij weet het niet
zal zij ouder
wijzer teder
voelen wat ik voel
weten zij is weg
en toch: zij blijft
nog in mij leven

INHOUD

UIT "PARELS" 1998

UIT "SINTELS" 2001

"SPIEGEL"

COLOFON

Lay-out: Kurt Borgoo

Uitgeverij: Het Beleefde Genot vzw, Zedelgem
www.hetbeleefdegenot.be

Oktober 2014

ISBN 9789078950134

D/2014/11.538/1

NUR: 306